Disney

La Reine des Neiges

Histoires de 3 minutes avant de faire dodo

hachette
JEUNESSE

Sommaire

Olaf et le Domojov..8
Le luth de Kristoff..12
Une balade en ville..16
Le légendaire rennicorne 20
Le ciel est réveillé ! 24
Le marque-page perdu 28
Soirée jeux en famille................................32
La surprise de Kristoff 36
La licorne d'Olaf 40

Olaf et le Domojov

Le printemps est arrivé à Arendelle, à la grande joie d'Olaf. Le bonhomme de neige n'a qu'une envie : partir à l'aventure ! Oui, mais voilà : ses amis sont trop occupés pour l'accompagner.

« Que pourrais-je bien faire ? », se demande-t-il.

Une plante en pot posée à proximité lui donne une idée.

« Et si j'allais rendre visite aux trolls ? »

Tandis qu'il franchit les portes du château, il remarque **un écureuil** derrière lui. Olaf le trouve un peu **bizarre**, mais il ne s'y intéresse pas davantage. Mieux vaut se concentrer sur **la route à suivre...**

En chemin, Olaf aperçoit une pierre recouverte de mousse.

– Coucou ! Est-ce que tu connais Sven et Kristoff ? demande-t-il.

Le rocher ne répond pas. Un peu plus loin, le bonhomme de neige s'adresse cette fois à **un tas de terre.**

– Les champignons te vont très bien, déclare-t-il, en espérant là aussi qu'il s'agisse d'un troll.

Toujours pas de réponse. Avec un soupir, Olaf scrute les alentours. Où aller, maintenant ? Au même instant, **un ours énorme** surgit face à lui !

– Oh, comme tu es mignon ! s'attendrit le bonhomme de neige. Je parie que tu veux du miel. Allons chercher des abeilles !

Malheureusement, l'animal n'est pas de cet avis : **il se met à rugir** et pourchasse Olaf !

Olaf s'enfuit à toutes jambes. Il contourne des arbres, saute par-dessus des troncs et court sur des chemins sinueux.

Enfin, il aperçoit **une maison** en ruines. Il se dépêche d'y entrer et de refermer la porte derrière lui. Ouf, il est sauvé ! Il aimerait bien explorer la bâtisse, mais le temps file et il doit rentrer avant la nuit. Mais, alors qu'il cherche à sortir, la porte ne s'ouvre plus ! Le bonhomme de neige est coincé à l'intérieur !

– **Oh, oh**, lâche-t-il.

Soudain, il entend un petit grattement et aperçoit une queue en panache.

Un animal passe en trombe près de lui, avant de s'enfuir par une fenêtre en partie fermée par des planches. **Une ouverture !**

– Merci, l'écureuil, lui lance Olaf en le reconnaissant.

De retour au château, le bonhomme raconte son aventure à Anna.

– Et de quoi cet écureuil avait-il l'air ? l'interroge-t-elle quand il a terminé son récit.

– Il ressemblait à un minuscule vieillard avec de longs cheveux roux, lui répond son ami.

La jeune femme écarquille les yeux.

– **Un Domovoj !** s'exclame-t-elle. Il s'agit d'un esprit qui protège une famille des dangers. J'avais l'habitude de laisser du pain et du lait pour le nôtre, autrefois.

– S'il m'a aidé aujourd'hui, alors cela signifie que je suis un membre de votre famille, moi aussi ? demande Olaf.

– Bien sûr que oui ! lui confirme Anna. Pour toujours !

Et elle lui fait **un gros câlin** pour le lui prouver...

Le luth de Kristoff

Souvent, le soir, Kristoff joue **un air de luth** pour Anna.

– Tu ne m'as jamais dit où tu avais eu cet instrument, fait-elle remarquer.

– C'est une **longue histoire !** affirme le jeune homme en s'enfonçant dans son siège.

Et il commence à raconter...

– Un jour, quand j'étais enfant, un troll m'a parlé d'une chute d'eau apparue comme par magie. Piqué par la curiosité, j'ai décidé d'aller la voir de plus près avec Sven. Il faisait très chaud ce jour-là, et quand nous avons enfin trouvé **la cascade** dans la montagne, nous étions prêts pour la baignade !

– J'ai sauté le premier et Sven m'a rejoint. Nous nous sommes amusés comme des fous ! Mais quand Sven a regagné la rive pour se secouer, il a entendu **une petite voix** aiguë qui disait d'un ton agacé :

« Fais un peu attention, tu as failli arroser mon violon ! »

– J'ai poussé un cri de surprise et, en me retournant, j'ai découvert **une créature étrange** qui tenait un instrument entre les mains.

Peu après, le petit être vert s'est mis à jouer une musique sublime. L'air était si beau que j'en suis resté bouche bée. Et soudain, j'ai compris à qui j'avais affaire. Je me suis écrié :

« Ooooh, tu dois être **le Fossegrimmen** ! Grand Pabbie m'a dit que c'est toi qui crées tous les bruits de la nature avec ton violon. »

– La créature a confirmé :

« En effet : le vent qui souffle dans les arbres, le ruissellement des cours d'eau, et bien sûr, le chant des oiseaux, **tout cela, c'est moi !** »

– Je lui ai répondu :

« Grand Pabbie m'a aussi confié que si je te donnais des pommes, tu pourrais m'apprendre à jouer. »

– Fossegrimmen a répliqué :

« C'est de l'histoire ancienne ! Mes goûts ont changé depuis. Désormais, tu dois m'offrir... **un gâteau aux pommes !** »

– Hélas, je n'avais emporté que du pain ce jour-là. Heureusement, la créature l'a accepté quand même, puis elle m'a tendu un luth. Ensuite, elle a déclaré :

« Bien, commençons **ta leçon.** »

– Fossegrimmen m'a d'abord appris à tenir correctement mon instrument. Puis, j'ai joué quelques notes maladroites. Mon nouveau professeur m'a alors expliqué :

« Si tu t'entraînes chaque jour, ce luth t'aidera. Il t'apportera succès, richesse, ainsi qu'une longue et belle vie. »

– Méfiant, je lui ai demandé :

« D'accord... **Mais quel est le piège ?** »

« Si tu cesses de jouer, tu seras maudit pour toujours et... »

À cet instant, dans le salon, Anna interrompt le récit.

– Comment ? s'écrie-t-elle. **Maudit pour toujours ?**

Kristoff éclate de rire.

– Je plaisantais. J'ai acheté ce luth chez Oaken. Mais l'histoire du Fossegrimmen était chouette, non ?

Une balade en ville

Alors qu'Agnarr, le père d'Elsa et d'Anna, n'est encore qu'un jeune prince, il passe beaucoup de temps avec le lieutenant Mattias. Celui-ci est heureux de lui parler de l'histoire d'Arendelle.

Un jour, alors que les deux compagnons se promènent au marché, une altercation éclate entre deux commerçants.

– C'est mon emplacement ! s'emporte l'un.

– Non, c'est le mien ! gronde l'autre, furieux.

Aussitôt, le lieutenant s'interpose.

– Aujourd'hui, c'est vous qui vendez ici, propose Mattias à l'un des hommes. Et demain, vous échangerez.

Les marchands réfléchissent.

Très vite, ils tombent d'accord ! Voilà **un problème résolu !**

– Incroyable ! s'étonne le prince Agnarr. Comment avez-vous réussi à faire cela ?

Le lieutenant éclate de rire.

– Les gens ont tendance à se montrer fiers et bornés parfois, confie-t-il. Mais il suffit souvent de leur indiquer **les choix** qui s'offrent à eux et d'espérer qu'ils feront le bon.

Un peu plus tard, leurs pas les mènent sur les quais. **Un bateau** vient d'arriver et Mattias souhaite vérifier si les passagers sont bien qui ils prétendent être avant de les laisser débarquer. Pour cela, il va saluer le capitaine.

– Nous ne sommes que d'humbles marchands en voyage, lui explique ce dernier.

Cependant, Mattias ne semble pas convaincu.

– J'ai entendu dire que des navires remplis de brigands se dirigeaient vers la côte, lance-t-il. **Des pirates** qui aiment voler des produits de luxe.

– Oh là là ! s'exclame le capitaine. Heureusement que nous ne les avons pas croisés !

Le lieutenant observe les matelots d'un air soupçonneux.

– D'après mon expérience, les marchands ne portent pas de couteaux à leur ceinture, souligne-t-il, tandis que ses soldats le rejoignent. Je vous ai eus !

Démasqué, le capitaine sourit avec gêne.

– Je vais vous donner de l'eau et des vivres, l'informe Mattias. Ensuite, **vous devrez partir.**

Le pirate ne se le fait pas dire deux fois !

Encore une affaire réglée ! Mattias et Agnarr quittent les quais.

– Nous devons être accueillants tout en protégeant Arendelle, commente le lieutenant.

– Vous saviez depuis le début que c'étaient des pirates ? s'étonne le prince.

– À force d'observer les gens, on développe une sorte de **sixième sens**, confie le lieutenant.

Comme toujours, Agnarr écoute ses leçons avec attention.

– Est-ce que vous avez faim ? lui demande ensuite Mattias.

Et tous deux vont célébrer cette journée bien remplie autour d'un délicieux goûter...

Le légendaire rennicorne

Par une belle journée d'été, Olaf part à la recherche d'un oiseau très particulier : la paruline argentée. D'après son livre, celle-ci est difficile à observer, alors le bonhomme de neige a pensé à emporter une longue-vue. Bien équipé, il grimpe au sommet d'une haute colline où il peut installer l'appareil.

– Coucou, les p'tits oiseaux ! les appelle-t-il. Où êtes-vous cachés ?

Toutefois, aucun volatile ne semble présent dans les arbres. Alors, Olaf décide de pointer son objectif vers le côté opposé.

– Là, je peux voir le linge d'Oaken, observe-t-il à voix haute. Formidable ! Je n'avais encore jamais vu un pyjama aussi énorme !

Hélas, aucun oiseau ne se cache dedans... Avec un soupir, Olaf fait pivoter son instrument.

– Et si je regardais dans la prairie ? Encore raté. Tiens, un adorable bébé renne ! Et aussi un grand renne ! Mais, oh ! Celui-là ressemble à un renne, mais il a une corne orange sur le nez ! **C'est sûrement le légendaire rennicorne !**

À force de sautiller, Olaf fait tomber sa longue-vue. L'appareil est cassé !

– Je vais devoir employer les bonnes vieilles méthodes pour observer cet animal, comprend le bonhomme de neige avant de se tourner vers le rennicorne. **Ne t'en va pas, j'arrive !**

Mais voilà qu'Olaf dégringole ! Le temps qu'il rassemble son corps dispersé, la créature magique est partie...

À cet instant, il aperçoit **des rennes** à proximité.

– Excusez-moi, pourriez-vous me présenter au rennicorne qui était ici il y a une minute ? leur demande-t-il. Vous savez, votre ami avec une corne orange sur le nez.

Pour toute réponse, les rennes s'enfuient au galop.

La nuit ne tarde pas à tomber. Les chouettes se mettent à ululer ; le rennicorne, lui, ne revient pas.

De retour au château, Olaf raconte à ses amis ce qu'il s'est passé. Avec un sourire, Kristoff emprunte **la carotte de son ami** et la pose sur le nez de Sven.

– C'est cela que tu as vu ? interroge le jeune homme.

– En effet, ça y ressemble drôlement, constate Olaf.

Kristoff lui explique que tenir une carotte en équilibre sur son nez fait partie des exercices que l'on apprend aux jeunes rennes.

– Je suis désolé, mais je pense que ton rennicorne était simplement un renne **comme les autres**, déclare-t-il.

Olaf baisse la tête, terriblement déçu... Anna jette un regard à Kristoff avant de se tourner vers leur ami.

– Je crois que Kristoff a oublié de te dire quelque chose, reprend-elle. **Le but de l'exercice** avec la carotte est justement que le jeune renne ressemble à un rennicorne.

– Euh... c'est exact ! finit par approuver le jeune homme. Parce que le rennicorne est vraiment légendaire.

Olaf retrouve le sourire.

– Je sais ! **Et j'en ai vu un !**

Le ciel est réveillé !

Les petites Elsa et Anna rêvent depuis toujours de voir **une aurore boréale.** Pour elles, ce phénomène est absolument magique !

– D'après la légende, ce sont **les âmes des vieilles juments** qui dansent dans le ciel et qui nous saluent, affirme Anna.

– Des vieilles filles, la corrige Elsa. Pas des juments.

– C'est ce que j'ai dit, prétend sa jeune sœur. Parce que les chevaux ne peuvent pas nous saluer avec leurs sabots.

Les fillettes se demandent surtout quand elles auront la chance de contempler ces magnifiques lueurs colorées...

Un matin, Anna entend sa mère dire que la nuit prochaine sera propice aux aurores boréales. La petite fille se plante devant l'horloge : que l'attente va être longue jusqu'au soir !

La nuit venue, une fois tout le monde endormi, Anna réveille sa grande sœur.

– Vite, allons voir l'aurore boréale ! murmure-t-elle.

Elles quittent leur chambre et se faufilent le long des couloirs jusqu'au **clocher**, c'est-à-dire l'endroit le plus élevé du château ! De là-haut, le spectacle sera encore plus beau.

Seulement, il y a un léger problème : **Aldor, le gardien de nuit,** fait les cent pas devant la porte, sans jamais prendre de pause. Comment déjouer sa surveillance ?

Heureusement, les fillettes ont une idée. Aldor a beau être l'un des plus féroces soldats du roi Agnarr, il craint tout de même quelque chose : **les fantômes...**

Les deux sœurs comptent bien en tirer avantage ! Anna se cache dans un coin et se met à pousser des cris effrayants.

– **Oooouh !** s'exclame-t-elle pour lui faire peur. **Oooouh !**

Juste après, Elsa se sert de son pouvoir pour éteindre les chandelles du clocher. Tout devient brusquement sombre autour d'Aldor ! Et de sa cachette, Anna continue de crier de plus belle.

– **Oooouh ! Oooouh !**

L'imitation est si réussie que les petites voient le gardien paniquer de plus en plus.

Terrifié, Aldor s'enfuit en courant ! Les fillettes n'ont plus qu'à ouvrir la porte et à grimper l'escalier qui mène au sommet de la tour. Là, elles lèvent les yeux et restent bouche bée : de grandes vagues colorées ondulent dans le ciel.

– **Le ciel est réveillé,** déclarent Elsa et Anna en chœur.

Éblouies, elles admirent l'aurore boréale qu'elles attendaient tant.

– Je ne vois pas de vieilles juments qui nous saluent, murmure Anna.

– De vieilles filles, la corrige Elsa.

– C'est ce que j'ai dit, chuchote sa sœur. De vieilles filles. Mais je n'en vois pas non plus.

Au fond, peu importe la légende. **Le spectacle est éblouissant.**

Le marque-page perdu

Par une belle journée, Anna, Olaf, Sven, Kristoff et Elsa partent pique-niquer. Le bonhomme de neige a emporté l'un de ses livres favoris et les amis partagent un merveilleux moment.

– Qui veut jouer à cache-cache ? propose Anna.

– Moi ! répond Olaf.

Mais il semble chercher quelque chose des yeux.

– Oh, oh. **Mon marque-page feuille** préféré n'est plus là !

– Nous allons t'aider à le retrouver, le rassure Elsa.

Olaf regarde sous la nappe de pique-nique. Rien. Anna et Kristoff cherchent partout eux aussi, mais le marque-page semble s'être **volatilisé !**

– Il n'y a qu'une seule explication possible, affirme Anna.

Elle échange un coup d'œil avec Elsa, puis les deux sœurs parlent d'une seule voix :

– Les Húldrefolk ! Ce sont des créatures magiques qui retrouvent les choses égarées et leur offrent une maison.

– Il paraît que ces êtres vivent parmi nous, mais qu'on ne les voit pas, ajoute Elsa.

– Fascinant et juste un tout petit peu effrayant, murmure Olaf, qui jette un regard inquiet aux alentours.

Anna s'assied près de lui.

– Quand nous étions petites, si Elsa ou moi perdions un jouet, notre mère nous consolait en nous disant : « Un enfant Húldrefolk devait en avoir davantage besoin que toi. »

- Personnellement, je n'ai jamais aimé l'idée qu'une créature attende que j'égare mes jouets pour me les dérober, confie Elsa.

- À quoi ressemblent ces créatures, exactement ? demande Olaf, fasciné.

- On prétend qu'elles ont l'apparence de **petits gobelins,** répond Elsa.

Anna hausse les épaules.

- Personne ne le sait vraiment. J'ai lu quelque chose dans une encyclopédie sur les créatures des mythes et légendes. D'après ce livre, seules les femmes Húldrefolk **possèdent une queue.** Mais elles sont très timides, alors en général, elles la cachent sous leurs vêtements.

Olaf se met à réfléchir.

- S'ils ont pris mon marque-page, comment vais-je pouvoir le récupérer ?

Dépité, le bonhomme de neige baisse tristement la tête. Anna ramasse le livre d'Olaf et se met à le feuilleter, quand soudain...

– Il était coincé **entre les pages !** explique-t-elle.

– Oh, mon marque-page ! s'exclame Olaf. Tu m'as tellement manqué !

Il le serre tendrement contre lui avant de le replacer dans l'ouvrage. Puis, il se tourne vers les arbres :

– Merci de m'avoir rendu mon marque-page, madame Húldrefolk !

Et tandis qu'il prononce ces mots, il lui semble bien apercevoir dans les feuillages **une jolie queue verte...**

Soirée jeux en famille

Olaf, Kristoff, Anna et Elsa attendent toujours l'arrivée du soir avec impatience, car c'est **le moment des jeux en famille !**

À peine installé, Olaf commence à jouer. En assemblant les parties de son corps différemment, il se transforme en animal ou en objet, et ses coéquipiers doivent deviner ce qu'il est. Anna lui sourit :

– Si nous jouions à autre chose, pour une fois ?

– C'est trop facile pour moi de gagner, c'est ça ? devine le bonhomme.

– Exact, lui confirme Elsa.

Et elle leur propose de **jouer à chat.**

– Si je vous touche, vous devrez rester figés comme des statues, explique-t-elle.

Quelle merveilleuse idée ! Les amis s'empressent de sortir du château.

– Le dernier arrivé est un poisson pourri ! s'écrie Anna.

Dans la cour, voilà qu'Elsa tend la main et lance **un jet de glace** ! Résultat : les autres sont bloqués et ne peuvent plus bouger !

– Oups, je ne l'ai pas fait exprès, s'excuse-t-elle. Peut-être devrions-nous jouer à autre chose ?

De retour à l'intérieur, Anna suggère l'un de ses jeux favoris : **les échecs**. Mais elle intervient tellement que la partie se résume à : « Regardons Anna s'amuser toute seule » !

– Je crois que je me suis un peu laissée emporter, admet-elle.

Encore raté !

Après tous ces jeux, Anna a **un petit creux.**

– Et si nous allions grignoter quelque chose ? propose-t-elle.

Tandis qu'ils se rendent à la cuisine, Olaf prend une autre direction...

Peu après, ses amis s'aperçoivent de son absence.

– Où est-il passé ? s'inquiète Elsa.

– Je sais ! s'exclame Kristoff. **Il joue à cache-cache !**

Ils se mettent à chercher leur ami à travers le château plongé dans l'obscurité. Le plancher craque et des ombres se dessinent sur les murs. Jouer à cache-cache la nuit est à la fois effrayant et très excitant !

Ils regardent dans tous les coins, derrière les rideaux, sous les meubles... Aucune trace du bonhomme de neige !

C'est alors qu'un événement bizarre se produit : **Elsa disparaît à son tour !** La partie continue, mais cette fois, Anna et Kristoff cherchent Olaf et Elsa.

Soudain, Anna se fige. La jeune femme se retourne et se rend compte que Kristoff n'est plus là ! Mais où se sont-ils tous cachés ? Même la bibliothèque semble déserte. À moins que...

Anna aperçoit un rai de lumière. Elle ouvre un placard et découvre... **Olaf, Elsa et Kristoff assis à l'intérieur !**

– Olaf, en forçant ceux qui te trouvent à rester avec toi, tu as réinventé le jeu de cache-cache ! déclare Anna, hilare.

Une chose est sûre : ils se sont drôlement bien amusés.

La surprise de Kristoff

Par un bel après-midi, Kristoff termine de charger sa carriole. Il prépare **un cadeau très spécial pour Anna.** Et comme toute surprise, elle doit absolument rester secrète ! Seul Sven est dans la confidence. Mais il ne dira rien, c'est certain !

– Les lanternes, les carottes... C'est bon, j'ai tout ce qu'il me faut ! déclare Kristoff. Nous pouvons y aller.

Après une longue marche, les deux amis atteignent **une mine abandonnée.** L'intérieur est très sombre. Heureusement qu'ils ont pensé à emporter des lanternes ! Là, Kristoff commence à creuser.

Au bout d'un moment,
il trouve enfin ce qu'il cherchait :
un magnifique cristal.

– Parfait ! s'exclame-t-il,
fou de joie.

Sven, lui, ne semble guère
convaincu par sa trouvaille.

– Ne fais pas cette tête,
lui lance Kristoff, ce n'est
pas encore fini ! Prochaine
étape : **la Vallée des Trolls.**

À leur arrivée, ceux-ci
les accueillent chaleureusement.

Puis Kristoff leur montre le cristal
qu'il a trouvé.

– Il est sublime, se réjouit Bulda.
C'est exactement ce qu'il nous faut.

Sans attendre, les trolls
se mettent au travail, munis
de petits outils. **Ils taillent
et sculptent la pierre** jusqu'à
ce qu'elle ait l'allure d'une pierre
précieuse !

Quand ils montrent le bijou fini à Kristoff et Sven, ceux-ci en restent bouche bée. **Ils n'ont jamais vu une bague aussi belle !**

Il ne reste plus que la dernière étape, maintenant : **la demande en mariage.**

– Je regarderai Anna droit dans les yeux et là, je lui dirai..., prévoit Kristoff. Eh bien, je saurai quoi lui dire quand le moment sera venu.

Cependant, il n'a pas l'air très sûr de lui !

Alors, Bulda et Cliff, ses parents adoptifs, l'emmènent à l'écart pour lui donner quelques conseils. Une telle demande ne se fait pas à la légère !

– Comment est-ce que je saurai si **c'est le bon moment ?** s'inquiète Kristoff.

– Oh, tu le sauras, lui répond sagement Bulda.

De retour à Arendelle, Kristoff dresse **une liste des choses à faire** pour que sa demande soit réussie. D'abord, obtenir l'accord d'Elsa.

Ensuite, trouver **l'endroit idéal et le moment propice**, comme l'a conseillé Bulda. Un matin dans la forêt ? Un soir dans le salon au coin du feu ?

Non, il y a toujours quelque chose qui cloche...

Pourtant, le moment parfait se présente enfin. Ému, Kristoff s'agenouille aux pieds d'Anna et lui offre la bague.

– Tu es la personne la plus extraordinaire que j'aie jamais rencontrée, déclare-t-il. Et je t'aime. **Veux-tu m'épouser ?**

Et la réponse est bien celle qu'il espérait...

La licorne d'Olaf

Dans la bibliothèque du château, Olaf a trouvé un livre sur les licornes.

– J'adorerais en voir une ! s'écrie-t-il. Je parie qu'il y en a **dans la Forêt Enchantée.**

Accompagné de Sven, il s'y rend aussitôt. Là-bas, tous deux retrouvent Elsa, et Olaf lui explique son projet.

– Je viens avec vous, lui propose son amie.

Seulement, la Forêt est grande. Où trouver le cheval magique ? En chemin, le petit groupe croise **les Géants de la Terre.**

– Et s'ils nous soulevaient pour voir au loin ? suggère le bonhomme.

Mais même de là-haut, il n'y a aucun signe de licorne à l'horizon !

De retour en bas, Olaf sent une brise le chatouiller. C'est **Courant d'Air, l'Esprit du Vent.** Lui aussi veut les accompagner ! Ensemble, les amis atteignent une grande prairie. Tiens, tiens, quelque chose bouge dans les fleurs...

Il jette un coup d'œil, et là, surprise ! Il voit **Bruni, l'Esprit du Feu !** Celui-ci désigne des traces sur le sol.

– Cela pourrait être des empreintes de licorne, confirme Olaf.

Hélas, ce sont seulement celles de Sven qui s'était éloigné ! À cet instant, le bonhomme de neige a une idée.

– Si une licorne nous accompagnait, peut-être une autre aurait-elle envie de se montrer ? suppose-t-il.

Ni une ni deux, Elsa crée **une corne de glace** sur le front de Sven.

Un peu plus loin, Olaf entrevoit un reflet au bord d'un ruisseau. Oh, un magnifique cheval avec une corne !

Il se retourne et découvre… **le Nokk, l'Esprit de l'Eau !** Le reflet donnait l'impression qu'il avait une corne sur la tête, alors que c'était juste une branche d'arbre.

Le Nokk veut participer aux recherches, mais le bonhomme de neige se sent fatigué. La journée a été longue !

– Nous ferions peut-être mieux de rentrer ? hésite-t-il.

– Allez, l'encourage Elsa. Nous avons encore un peu de temps avant la tombée de la nuit. Nous pourrions aller chercher du côté de la Mer Sombre !

– C'est d'accord, allons-y ! s'exclame Olaf en grimpant sur le dos de Sven.

Hélas, il n'y a toujours rien à l'horizon...
Planté sur le rivage, Olaf se tourne vers ses amis.

– Désolé, nous n'avons pas trouvé de licorne, constate-t-il tristement.

– Olaf ! l'interrompt Elsa en désignant les flots.

Une longue corne torsadée sort de l'eau !

– Ce n'est pas une licorne, comprend le bonhomme de neige, mais **un narval**. Autrement dit : **une licorne des mers !** Nous en avons trouvé une, finalement !

Le groupe observe le cétacé, avant de rentrer. Olaf n'a peut-être pas croisé de licorne comme celle du livre, mais ce soir, il aura **une belle histoire à raconter à ses amis** : un récit qui parle d'une aventure formidable à travers Arendelle...

Direction : **Antoine Béon**
Responsable éditoriale : **Adélaïde Lebuy**
Responsable artistique : **Pauline Ortlieb**
Fabrication : **Anne-Laure Soyez**
Édition : **Naïma Timzouert**
Suivi éditorial : **Anne-Laure Estèves**
Adaptation du texte : **Catherine Kalengula**
Mise en page : **Laurent Carré**
Correction : **Lucile Orliac**

Édité par Hachette Livre – 58, rue Jean Bleuzen – 92178 Vanves Cedex
Imprimé par Pollina en France - 99423 – Achevé d'imprimer : octobre 2021
ISBN : 978-2-01-715977-3 – Édition : 01 – Dépôt légal : octobre 2021
Loi n°49-956 du 16 juillet 1949 sur les publications destinées à la jeunesse.

Pour tout renseignement concernant nos parutions, nous contacter par e-mail : disney@hachette-livre.fr

Pour l'éditeur, le principe est d'utiliser des papiers composés de fibres naturelles, renouvelables, recyclables et fabriquées à partir de bois issus de forêts qui adoptent un système d'aménagement durable. En outre, l'éditeur attend de ses fournisseurs de papier qu'ils s'inscrivent dans une démarche de certification environnementale reconnue.